LÉGITIMITÉ

DE LA PROPRIÉTÉ

EN FAIT D'OUVRAGES

DE L'ESPRIT OU DU GÉNIE.

LÉGITIMITÉ

DE LA PROPRIÉTÉ

EN FAIT D'OUVRAGES

DE L'ESPRIT OU DU GÉNIE,

Où il est clairement démontré que les Éditeurs, non autorisés par les véritables Propriétaires d'Ouvrages d'Auteurs morts avant l'expiration des dix années accordées par la Loi du 19 juillet 1793, lors de la Promulgation du Décret du 5 Février 1810, sont en contravention avec ledit Décret, qui prolonge réellement le droit exclusif des Héritiers.

PARIS,

BEAUCÉ, LIBRAIRE DE S. A. R. Mgr. DUC D'ANGOULÊME,
Rue Guénégaud, nᵒˢ 18 et 19.

1818.

LÉGITIMITÉ

DE LA PROPRIÉTÉ

EN FAIT D'OUVRAGES

DE L'ESPRIT OU DU GÉNIE.

POUR ne pas jeter l'alarme parmi une foule d'éditeurs qui se sont permis, très-inconsidé- rément sans doute, d'interpréter en leur faveur des lois qu'ils auroient dû consulter avec scru- pule, je déclare que je n'offre pas ici une dé- cision en dernier ressort : c'est mon opinion seulement que je présente ; mais je dois dire que mes preuves me paroissent si claires et si conformes à la stricte justice, que je les crois irrécusables. J'ose me flatter qu'après m'avoir lu, les parties intéressées trouveront dans mes raisons de quoi fixer tous leurs droits.

1

(6)

La loi n'a point d'effet rétroactif. Ce principe est juste et nécessaire ; la fausse application qu'on en a faite a trompé les contrefacteurs d'ouvrages imprimés après dix années du décès des auteurs morts avant le décret de 1810. Je prétends leur démontrer , par les propres expressions de la loi , et par arrêt de la cour de cassation , qu'il n'y a pas d'effet rétroactif dans la loi , en l'appliquant aux auteurs morts neuf ans onze mois vingt-neuf jours avant la promulgation de la loi de 1793, et du décret de 1810.

Voici ce que disent cette loi et ce décret , en ce qui concerne la propriété des ouvrages de l'esprit ou du génie:

Extrait de la loi du 19 *juillet* 1793.

ART. 1er.

Les auteurs d'écrits en tout genre, les compositeurs de musique , les peintres et dessinateurs qui feront graver des tableaux ou dessins , jouiront , durant leur vie entière, du droit exclusif de vendre, faire vendre, distribuer leurs ouvrages dans le territoire de la république, et d'en céder la propriété en tout ou en partie.

Art. 2.

Leurs héritiers ou cessionnaires jouiront du même droit durant l'espace de dix ans, *après la mort des auteurs.*

Art. 7.

Les héritiers de l'auteur d'un ouvrage de littérature ou de gravure, ou de toute autre production de l'esprit ou du génie, qui appartienne aux beaux-arts, en auront la propriété exclusive pendant dix années.

Extrait du Décret du 5 février 1810.

Art. 39.

Le droit de propriété est garanti à l'auteur et à sa veuve, *pendant leur vie*, si les conventions matrimoniales de celle-ci lui en donnent le droit, et à leurs enfans *pendant vingt ans.*

Art. 40.

Les auteurs de tout ouvrage imprimé ou

gravé peuvent céder leur droit à un imprimeur ou libraire, ou à toute autre personne,
qui est alors substituée en leur lieu et place,
pour eux et leurs ayant-cause, comme il est
dit en l'article précédent.

Voulant traiter de la propriété des ouvrages
de l'esprit ou du génie sous deux aspects, je
divise cette dissertation en deux parties :

La première traitera de la propriété dans
ses rapports avec les lois actuelles ;

La seconde, de la propriété telle qu'elle devroit être, sous l'empire de la Charte, et conformément aux grandes et nobles idées d'un
peuple juste et libre.

PREMIÈRE PARTIE.

De la Propriété des Ouvrages de l'esprit ou du génie, dans ses Rapports avec les Lois actuelles.

Il est essentiel d'ajouter aux extraits que
nous avons donnés de la loi de 1793, et du

décret de 1810, d'autres extraits qui servi-
ront, avec ceux-ci, de base à l'opinion que
nous nous proposons d'émettre dans le cours
de cet opuscule.

*Extrait du Décret impérial du
1er Germinal an 13.*

Art. 1er.

Les propriétaires par succession ou à tout
autre titre, d'un ouvrage posthume, ont les
mêmes droits que l'auteur, et les dispositions
des lois sur la propriété exclusive des auteurs,
et sur sa durée, leur sont applicables, toutefois à la charge d'imprimer séparément les
œuvres posthumes, et sans les joindre à une
nouvelle édition des ouvrages déjà publiés et
devenus propriété publique.

Extrait du Code civil.

Art. 544.

La propriété est le droit de jouir et disposcr des choses de la manière la plus absolue, pourvu qu'on n'en fasse pas un usage prohibé par les lois ou par les réglemens.

Art. 546.

La propriété d'une chose, soit mobilière, soit immobilière, donne droit sur-tout à ce qu'elle produit, et sur ce qui s'y unit accessoirement, soit naturellement, soit artificiellement.

Voilà les lois par lesquelles la propriété des ouvrages de l'esprit ou du génie est garantie.

Examinons maintenant quelle a été l'intention du législateur, et quelle application les tribunaux doivent faire de ces lois.

Le législateur, en accordant aux héritiers d'un auteur le droit exclusif de la propriété des productions de cet auteur, n'a pas voulu limiter ce droit à partir de la promulgation de la loi; aussi s'est-il expliqué clairement, en disant *que les héritiers ou cessionnaires jouiront du même droit que l'auteur pendant dix ans*, *APRÈS LA MORT DES AUTEURS*. (Loi du 19 juillet 1793, art. 2.)

Pour appuyer encore l'intention de cet article 2, il ajoute, à l'article 7, que les héritiers d'un auteur auront la propriété exclusive de ses ouvrages *pendant dix années*.

Aussi la cour de cassation, par arrêt du 29 thermidor an 11, décide que les peines portées par la loi du 19 juillet 1793 sont applicables même à un ouvrage dont l'auteur est mort avant cette loi.

Il seroit par trop fâcheux, pour la veuve et l'orphelin, d'être dépouillés du bénéfice dont le législateur avoit l'intention de les gratifier, parce que leur époux et père seroit mort la veille de la promulgation de cette loi bienfaitrice.

Buffon étoit mort en 1788; la veuve de son fils apprend que Behmer, libraire à Metz, débite une contrefaçon de ses ouvrages avant l'expiration des dix années que lui accorde la loi du 19 juillet 1793; elle fait saisir les ouvrages contrefaits: de là un procès à Metz. Le tribunal de cette ville, croyant voir un effet rétroactif dans l'application de la loi , parce qu'il avoit lu avec trop peu de réflexion ces mots : *Après la mort des auteurs ;* mots aux-quels , dans leur pensée , les juges avoient substitués ceux-ci : *A partir de la présente loi,* déboute Madame veuve Buffon de sa demande. Elle interjette appel à Paris ; et, le 29 ther-midor an 11 , la cour de cassation prononce le jugement suivant :

« Vu les articles 1 , 2 , 3 et 7 de la loi du 19 juillet 1793 ;

» Attendu qu'il n'a point été méconnu que la demanderesse est veuve et donataire uni-verselle de Louis-George-Marie-Leclerc de Buffon , fils et héritier de l'auteur de l'Histoire naturelle ;

» Attendu que la saisie exercée à la requête de la demanderesse , l'a été *avant l'expiration de dix années du décès de l'auteur ;*

» Qu'ainsi le tribunal de Metz a violé formel-lement la loi du 19 juillet 1793 ; le tribunal casse, etc. »

Il est donc manifestement entendu que ce

n'est point donner un effet rétroactif à la loi que de l'appliquer *textuellement.*

Buffon étant mort en 1788, le législateur de 1793, en accordant dix ans de jouissance aux héritiers, *à partir du décès de l'auteur,* a donné, par là même, jusqu'en 1798, aux héritiers de Buffon, et toute doctrine contraire scroit injuste, fausse et dangereuse; ce seroit même favoriser l'avidité des spéculateurs, sans venir au secours de la veuve et de l'orphelin, qui ont tant de droits à la protection des lois.

Si Buffon fût mort en juin 1783, il est certain que la loi ne lui eût plus été applicable, parce qu'elle ne peut avoir d'effet rétroactif.

Le législateur omet souvent les objections qu'il ne peut prévoir; les tribunaux doivent alors, pour appliquer la loi, sonder quelle a été son intention protectrice, et l'interpréter toujours en faveur du foible ou du lésé. C'a donc été un hommage qu'a rendu la cour de cassation, dans son arrêt équitable du 29 thermidor an 11, au sens de la loi du 19 Juillet 1793.

Partant de ces principes justes et protecteurs ; il nous sera facile de commenter les divers articles des lois relatives à la propriété.

Le Code civil, dans les articles 544 et 546, a défini très-nettement ce que c'est que la propriété et l'usage qu'on peut en faire. Voyez-les plus haut, pag. 9 et 10.

La loi du 19 juillet 1793 est une loi protectrice, faite dans l'intention de favoriser les lettres et les beaux arts.

Cependant on sentit un peu plus tard que cette protection étoit encore bien foible pour les malheureux héritiers d'une propriété *passagère ;* on accorda à la veuve de l'auteur la jouissance des ouvrages de son mari pendant sa vie entière, et à ses enfans pendant vingt ans. C'est donc dix ans de plus qu'on a accordé aux enfans des auteurs.

En faisant co-ordonner la loi du 19 juillet 1793, et le décret du 5 février 1810, il est évident que les enfans des auteurs morts neuf ans onze mois et vingt-neuf jours avant le décret, avoient encore à jouir de leur propriété pendant dix ans et un jour, conformément au décret du 5 février 1810, à la loi du 19 juillet 1793 et à l'arrêt de la cour de cassation du 29 thermidor an 11.

L'article 40 du décret du 5 février 1810, donne la faculté à l'auteur de céder son droit à toute personne, qui *est alors substituée* en son lieu et place.

C'est-à-dire, que la personne substituée à l'auteur, ne devient pas, comme l'éditeur d'œuvres posthumes, propriétaire, pour sa vie et celle de sa veuve, et ses enfans pendant vingt ans ; mais seulement pendant la vie de l'auteur ou de sa veuve, et vingt ans après la mort de l'un et de l'autre, comme s'il étoit son enfant, puisqu'il est substitué aux *lieu et place de l'auteur et de ses ayant-cause.* Je ne me dissimule pas l'ambiguité de la rédaction de cet article ; mais, en suivant les principes que j'ai posés, il me semble que toute autre interprétation y seroit contraire.

On pourroit même, dans l'équité la moins équivoque, adopter ce sentiment pour les ouvrages cédés aux imprimeurs, aux libraires, ou à toute autre personne , par les auteurs ou leurs ayant-cause , avant l'expiration des dix années accordées par la loi du 19 juillet 1793.

Si un auteur laisse une veuve , l'auteur est censé vivant, puisque la veuve, si toutefois les conditions matrimoniales ne s'y opposent pas, a la propriété, sa vie durant, des ouvrages de son mari défunt ; les enfans ou les cessionnaires ont ensuite vingt ans de jouissance. On ne peut l'interpréter autrement sans blesser la justice.

En effet, il est certain que le législateur a eu l'intention de prolonger le privilége accordé aux héritiers des auteurs par la loi du 19 juillet 1793 : ce seroit en vain qu'on voudroit objecter qu'il n'est question que de la veuve et des enfans dans l'art 39 du décret du 5 février 1810 , puisque l'article 40 substitue en *leur lieu et place* celui qui est possesseur de l'ouvrage par une cession quelconque.

D'où je conclus, que l'héritier collatéral est propriétaire des ouvrages de son parent défunt , non seulement pendant dix ans après sa mort , conformément à la loi du 19 juillet 1793 ; mais encore de dix autres années, si la cession lui en a été faite conformément à l'article 40 du décret du 5 février 1810, soit par testament ou de toute autre manière.

Il n'y auroit que le cas où l'auteur mort n'auroit fait aucune disposition en faveur des collatéraux, que ceux-ci perdroient leurs droits, pour les dix ans de privilége accordés en sus par le décret du 5 février 1810.

Cependant il me semble très-injuste de ne pas leur reconnoître les mêmes droits qu'aux cessionnaires, prévus par l'article 40; c'est une bizarrerie de la loi, qu'il m'est impossible de rendre plus avantageuse qu'elle n'est aux héritiers collatéraux.

Les éditeurs des ouvrages qui ont cru leur droit assuré, parce que M. de Pommereul, ancien directeur de la Librairie, leur avoit fait payer *administrativement* un droit d'un centime par feuille, pour quelques-uns des ouvrages qui se trouvoient dans le cas dont nous parlons, se sont trompés.

Si les propriétaires de ces ouvrages les attaquent, je suis persuadé que les contrefacteurs succomberont. La direction de la librairie ne pouvant décider cette grande question sans un jugement préalable, devra leur rembourser les droits qu'elle s'est fait payer. Je sais bien qu'elle n'est pas responsable des délits des éditeurs, et que, lorsqu'on lui a dit que tel ouvrage étoit du domaine public, elle n'a pas jugé à propos de contredire cette assertion, parce que cela ne la regardoit pas ; mais n'étoit-il pas de son devoir de prévenir les procès à venir ?........ Il lui étoit si facile de faire entendre à ces éditeurs qu'ils n'avoient *aucun droit acquis* dans leurs entreprises *,* et que la prudence leur étoit commandée !......

DEUXIÈME PARTIE.

De la Propriété des Ouvrages de l'esprit ou du génie, telle qu'elle devroit être sous l'Empire de la Charte, et conformément aux grandes idées d'un Gouvernement équitable et d'un Peuple libre.

La propriété est sacrée d'après la Charte, article 9, où on lit :

« Toutes les propriétés *sont inviolables,*
» sans aucune exception de celles qu'on ap-
» pelle *nationales :* la loi ne mettant aucune
» différence entre elles. »

Nous avons vu la définition que donne de la propriété le Code civil, articles 544 et 546, pag. 9 et 10.

Quel travers d'esprit a pu rendre le législateur injuste envers la veuve et l'orphelin d'un homme de génie ? Comment se fait-il que la propriété des meubles et immeubles, des choses physiques enfin, soit inviolable et sacrée, et que celle des œuvres de l'esprit et du génie soit cruellement retranchée du patrimoine de ses véritables propriétaires ?

Pourquoi n'appliqueroit-on pas la loi qui garantit la propriété des immeubles et des meubles, aux ouvrages de l'esprit ou du génie?

On parle d'ouvrages éphémères qui meurent en naissant : quelle pauvre objection !...... Si une maison tombe en ruine, ou si un meuble périt par le feu ou l'eau, n'est-ce pas la force majeure qui entraîne le propriétaire à sa ruine? Il en est de même des ouvrages sans succès.

Peu importe la piraterie littéraire et ses ignobles dédains : nous n'en serons que plus zélés pour demander justice en faveur de la veuve et de l'orphelin.

Il est digne d'un petit-fils de Louis XIV, de faire rentrer les petits-fils des grands hommes de cette époque célèbre dans tous leurs droits. Signaler un abus à un descendant de St.-Louis, c'est en obtenir la réforme.

Si les enfans de Corneille, de Racine, de La Fontaine sont dans la misère, est-ce la faute de leurs pères ? N'ont-ils pas fait tous leurs efforts pour honorer leur patrie et leurs noms ? A quoi sert la gloire du grand Corneille, si sa petite-fille est obligée de monter sur les tréteaux pour ne pas mourir de faim ?

Qu'une loi précise et bien mesurée rende immortelles les familles de nos illustres Français : ce sera l'hommage de la justice et de la liberté, rendu à l'amour de la gloire et de la patrie, dont les grands hommes du siècle de Louis XIV ont donné tant de preuves et de si grands exemples.

Voici maintenant un essai de projet de loi,

que je soumets à la sagesse du gouvernement, en faveur de la propriété des ouvrages de l'esprit ou du génie : je le crois digne de méditation, et très en harmonie avec la Charte, avec les idées généreuses et libérales, et surtout avec l'équité.

Projet de Loi.

Vu l'article 9 de la Charte (1), les articles 544, 545 et 546 du Code civil; en ce qui concerne la propriété ;

Considérant que les progrès de la civilisation et la gloire nationale sont intéressés à rendre hommage au mérite et aux talens ;

Il est arrêté ce qui suit :

Art. I.er

Le droit de propriété des ouvrages de l'esprit ou du génie, gravés, imprimés, ou de toute autre espèce, est garanti à perpétuité à leurs auteurs et à leurs héritiers.

Art. 2.

Les auteurs, ou leurs héritiers, pourront céder, en tout ou en partie, leurs droits à un

(1) La Charte étant postérieure aux lois relatives à la propriété littéraire, on pourroit peut-être en inférer de là, que celle-ci est aussi inviolable que les autres.

imprimeur ou libraire, ou à toute autre personne, qui est alors substituée en leur lieu et place.

Art. 3.

Les héritiers naturels des auteurs morts rentreront, à partir de la *promulgation de la présente loi*, dans tous leurs droits légitimes, et pourront en disposer à leur gré, soit envers les théâtres, soit envers un libraire, ou toute autre personne.

Art. 4.

Les ouvrages imprimés jusqu'à ce jour, ou maintenant sous presse, seront censés légitimés par les héritiers des auteurs morts, sans qu'ils puissent prétendre à aucune indemnité pour le passé.

Art. 5.

Tout ouvrage imprimé, à partir de ce jour, sans l'autorisation des propriétaires reconnus par les articles précédens, sera saisissable, et pourra être poursuivi conformément à la loi du 19 juillet 1793.

Art. 6.

Tout ouvrage d'auteurs sans héritier légitime, tombe dans le domaine public.

Art. 7.

Sont également du domaine public, tous ouvrages imprimés à l'étranger avant de l'avoir été en France.

Art. 8.

Les ouvrages dont les propriétaires négligeroient l'impression, seront réputés du domaine public, après cinq ans révolus de l'annonce faite, sans réclamation, dans le journal de la librairie, que tel ouvrage est épuisé.

Si cette loi étoit adoptée, sauf les modifications que je n'ai pas prévues, et la rédaction que j'abandonne à ceux qui ont l'habitude de ces sortes de matières, j'ose assurer qu'elle feroit époque, et qu'il en rejailliroit beaucoup de gloire pour la France.

Quel encouragement pour les lettres et pour les arts ! quelle émulation pour le goût, pour le beau, pour le bon !

Le bien est incalculable, et il n'y a pas un seul inconvénient.

BEAUCÉ-*l'aîné.*

IMPRIMERIE DE P. GUEFFIER.